STARK IN...

Arbeit und Wirtschaft

Arbeitsheft 1

Schroedel

Stark in ...
Arbeit und Wirtschaft

Arbeitsheft 1

Herausgegeben von Frank Eichhorn

Erarbeitet von Christian Behrens, Bettina Bogenrieder, Frank Eichhorn, Maria Kampwerth, Gerhard Landefeld

Unter Mitarbeit der Verlagsredaktion

Nach gültiger Rechtschreibung 2006

ISBN 978-3-507-**46367**-7

Druck A [4] / Jahr 2007

Redaktion: Wolfgang Wessel-Schulze
Herstellung: Andreas Losse
Illustrationen: Kathrin Priestersbach, Münster;
Theiss Heidolph, Kottgeisering;
Dietmar Griese, Gleidingen
Umschlaggestaltung: Jürgen Kochinke, Holle
Satz: AndersARTig, Werbung & Verlag GmbH, Braunschweig
Druck und Bindung: pva, Landau

Bildquellenverzeichnis

S. 15, 22 : Ehritt, Leipzig;
S. 17: adidas Deutschland, Herzogenaurach;
Kappa Deutschland GmbH, Norderstedt;
Mustang Bekleidungswerke GmbH + Co. KG, Künzelsau.
S. 29.1: Flohr, Laatzen;
S. 29.2: Fabian, Hannover;
S. 34: Losse, Hannover.

Trotz entsprechender Bemühungen ist es nicht in allen Fällen gelungen, den Rechteinhaber ausfindig zu machen. Gegen Nachweis der Rechte zahlt der Verlag für die Abdruckerlaubnis die gesetzlich geschuldete Vergütung.

Liebe Schülerinnen und Schüler!

Diese Zeichen findet ihr vor den Aufgaben. Sie bedeuten:

	Arbeitet mit einer Partnerin, einem Partner oder in einer Gruppe.		Sammelt Informationen auch außerhalb des Klassenzimmers.
	Schreibt etwas auf.		Macht ein Rollenspiel, spielt Theater.
	Macht etwas mit euren Händen, z.B. etwas ausschneiden.		Diskutiert zum angesprochenen Thema. Bildet euch eine eigene Meinung.
	Entnehmt der Seite Informationen (Text oder Bild).	**Info**	An dieser Stelle werden wichtige Zusatzinformationen gegeben.

Die Seitenangaben in den **Aufgaben** beziehen sich auf den Schülerband.

Inhalt

Berufskunde

Mein erstes Praktikum

Märkte und Preise

Wie lange dauert die Hausarbeit?

Befrag eine Person aus deiner Umgebung, welche Arbeiten sie im Haushalt übernimmt und wie viel Zeit sie für die verschiedenen Tätigkeiten braucht.

Angaben zur Person:

(Name) (Geschlecht) (Familienstand) (Anzahl Kinder)

(Beruf) (Größe der Wohnung) (Anzahl der Räume in der Wohnung)

1. Welche Arbeiten übernehmen Sie im Haushalt?

2. Wie viel Zeit benötigen Sie für die einzelnen Arbeiten? (am Tag / in der Woche)

tägliche Arbeiten	Zeit	wöchentliche Arbeiten	Zeit

3. Wie viel Zeit benötigen Sie für alle Arbeiten im Haushalt zusammen täglich?

am Tag: __________

4. Wie viel Zeit benötigen Sie für alle Arbeiten im Haushalt wöchentlich?

in der Woche: __________

Auswerten eines Säulendiagramms

In einem Säulendiagramm kann man Informationen übersichtlich darstellen, sodass sie schnell zu lesen sind.
Die Klasse 7 der Helen-Keller-Schule hat an ihrer Schule eine Umfrage gemacht. Sie haben 18 Schüler und 8 Schülerinnen zum Thema **„Mitarbeit im Haushalt"** befragt. Die Jugendlichen sollten angeben, ob sie mithelfen beim Einkaufen, Staubsaugen, ob sie Müll wegbringen, aufräumen, Geschirr abwaschen und abtrocknen oder das Bad putzen. Dabei kamen sie zu diesen Ergebnissen:
12 Jungen helfen beim Einkaufen, 4 saugen Staub, 13 müssen schon mal den Müll in Mülltonne bringen, 14 räumen mit auf, 8 helfen beim Abwasch und 1 putzt das Bad.

1. Trag die Werte in das Säulendiagramm ein:

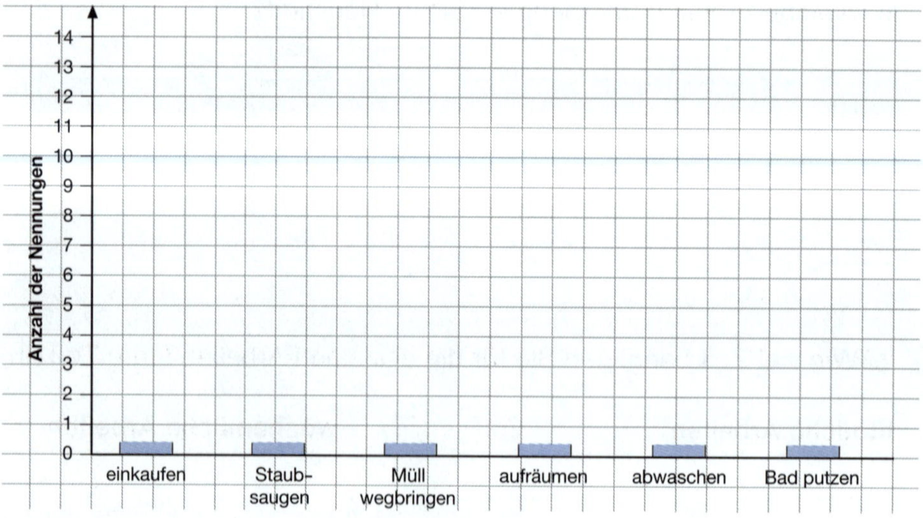

Die Angaben der Mädchen waren so verteilt:

2. Werte das Säulendiagramm aus. Ergänze die Lücken im Text,

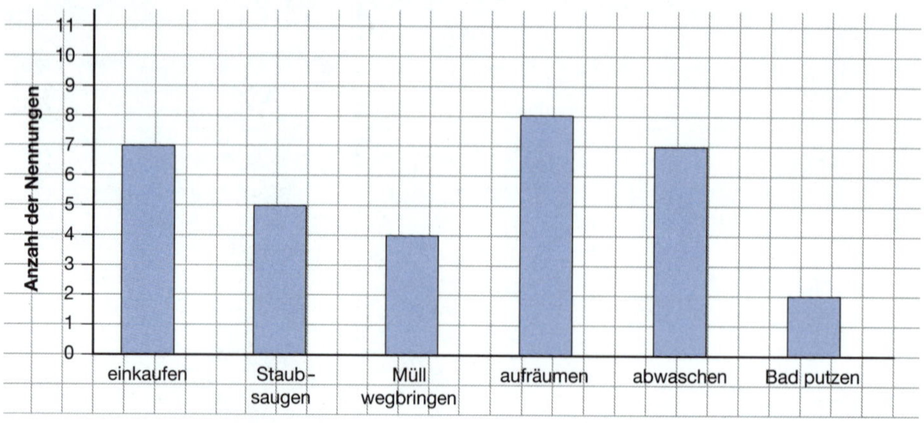

indem du die richtigen Zahlen einsetzt.

______ Mädchen helfen beim Einkaufen, ______ saugen Staub, ______ müssen den Müll in die Mülltonne bringen, ______ räumen mit auf, ______ helfen beim Abwasch und ______ putzen das Bad.

Das ist Familie Knobelspies.

Vater	*Mutter*	*Anna*	*Julius*	*Paul*
38 Jahre arbeitet als Bäcker 2–10 Uhr	39 Jahre arbeitet halbtags als Kassiererin 8.30–13 Uhr	15 Jahre geht zur Schule	13 Jahre geht zur Schule	5 Jahre geht in den Kindergarten

1. Helft der Familie, die Arbeiten im Haushalt zu verteilen. Beachtet:
- Wer ist in der Lage, die Tätigkeit auszuführen?
- Wer hat wann Zeit, eine Arbeit im Haushalt zu erledigen?
- Ist die Arbeit gerecht verteilt?

Eine Arbeit kann auch von mehreren Familienmitgliedern ausgeführt werden!

Kochen

Wäsche waschen

Spülen

Zimmer aufräumen

Müll wegbringen

Einkaufen

Putzen

Vater: ______

Mutter: ______

Anna: ______

Paul: ______

Julius: ______

2. Vergleicht eure Einteilung mit einem Partner.

zu Schülerband Seite 9

Beruf: Schüler/Schülerin

1. Fülle den Steckbrief für dich aus.

Steckbrief

Name: ______________________________

Alter: ______________________________

Klasse: ______________________________

2. Beschreibe deinen Tagesablauf an einem Wochentag.
Trag die verschiedenen Tätigkeiten ein.

Uhrzeit	Tätigkeit	Uhrzeit	Tätigkeit
6.00 Uhr		18.00 Uhr	
7.00 Uhr		19.00 Uhr	
8.00 Uhr		20.00 Uhr	
9.00 Uhr		21.00 Uhr	
10.00 Uhr		22.00 Uhr	
11.00 Uhr		23.00 Uhr	
12.00 Uhr		24.00 Uhr	
13.00 Uhr		1.00 Uhr	
14.00 Uhr		2.00 Uhr	
15.00 Uhr		3.00 Uhr	
16.00 Uhr		4.00 Uhr	
17.00 Uhr		5.00 Uhr	

3. Zählt zusammen, wie viele Stunden ihr mit welchen Tätigkeiten verbringt.

Schlafen	Schule	Hausaufgaben	Hausarbeit
Essen	**Fernsehen/ Computer**	**Freizeit**	**Sonstiges**

zu Schülerband Seite10/11

Das Haushaltsbuch

Familie Müller hat eine Zeit lang alle Quittungen und Rechnungen aufbewahrt. Trage sie ins Haushaltsbuch für veränderliche Ausgaben in die richtigen Spalten und rechne aus.

Achtung! Hier wird es schwieriger.

Datum	Ernährung, Getränke	Genussmittel	Kleidung	Wasch- und Putzmittel, Körperpflege	Bildung, Freizeit	Fahrgeld, Benzin	Sonstiges
25.10.							
26.10.							
27.10.							
28.10.							
29.10.							
30.10.							
31.10.							
Summe							

Supermarkt Krämer

Tomaten	0,59
Milch	0,49
Wein	3,99
Gurke	0,59
Brot	0,99
Käse	0,79
Nudeln	0,99
Herrensocken	2,99
Spülmittel	0,99
Butter	0,79
Summe	13,20

26.10.2005

Fahrausweis

1 Zone

1,90€

27.10.2005

Tankstelle

35 l Super

41,96€

31.10.2005

Kinokarte

5€

29.10.2005

Schuhhaus

„Der gute Fuß"

Kinderschuh

Größe 34

39,99€

30.10.2005

Drogeriemarkt

Haarshampoo	1,99€
Zahnpasta	0,99€
WC-Reiniger	0,79€
Summe	3,77€

25.10.2005

Das Energie- und Wasserspar-Spiel

Ein Würfelspiel für 2 bis 4 Spieler

Du benötigst:

Würfelt abwechselnd. Bei einer ⁙ darf noch einmal gewürfelt werden.
Fülle die Felder 4 und 7 selbst mit einer Spielanweisung aus.
Lies dazu die Energie- und Wasserspartipps auf Seite 17 nach.
Wer zuerst genau auf das Zielfeld gelangt, hat gewonnen!
Viel Spaß!!!

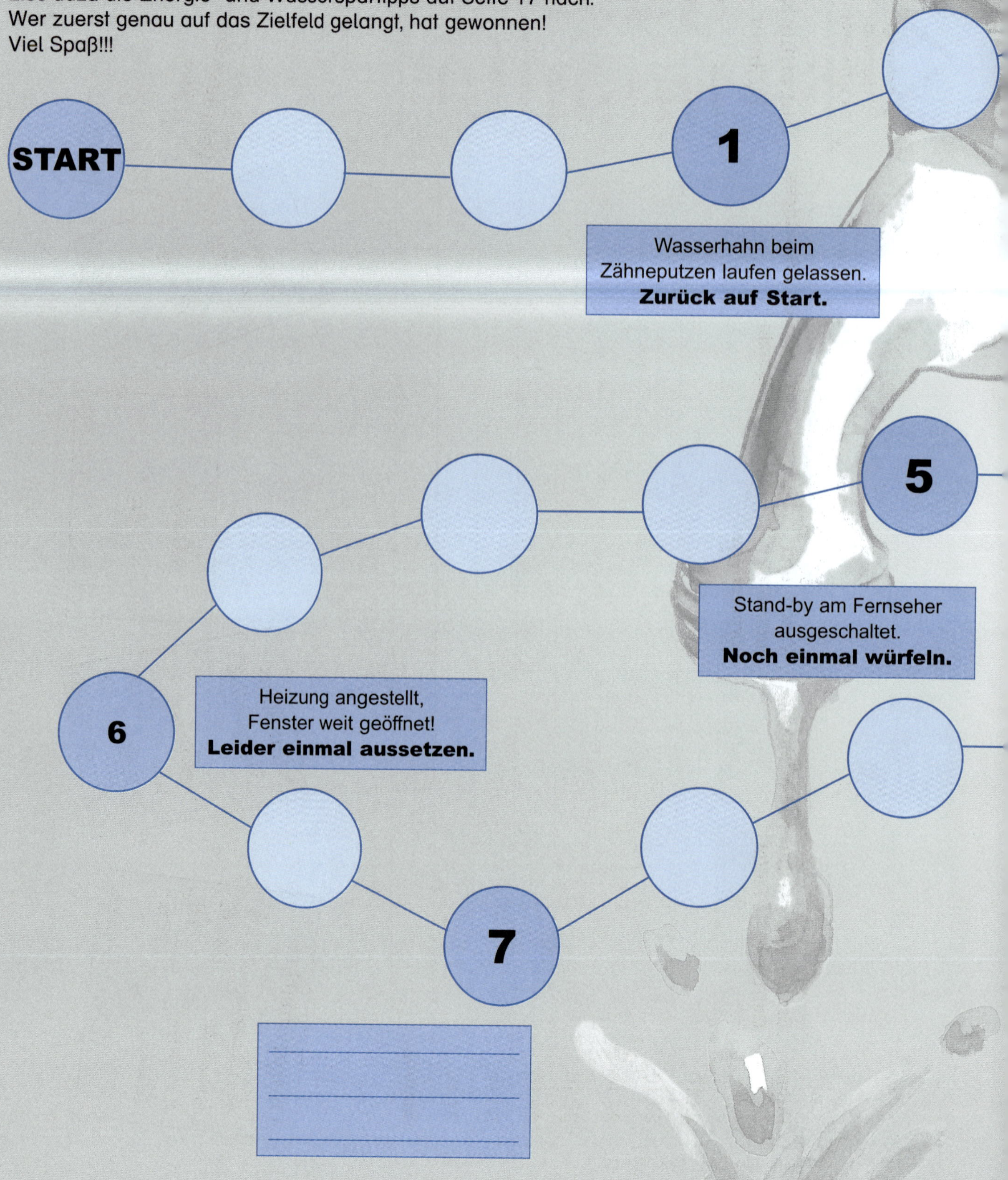

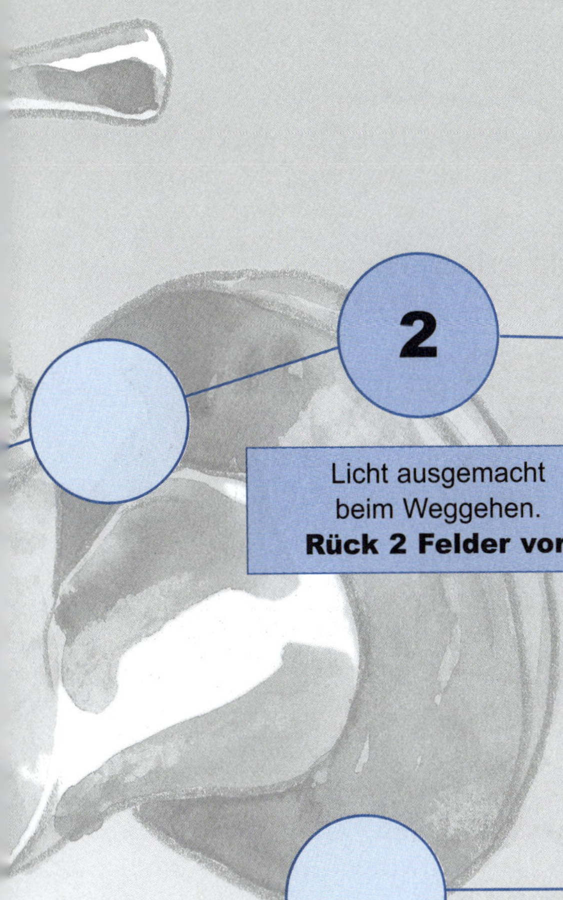

2

Licht ausgemacht
beim Weggehen.
Rück 2 Felder vor.

Nenne 3 Energiespartipps.
☺ **Rück 2 Felder vor.**
☹ **Geh 2 Felder zurück.**

3

4

Waschmaschine nur halb
gefüllt laufen gelassen.
Geh 2 Felder zurück.

10

8

Kühlschrank kaputt.
Beim Neukauf auf
Energieverbrauch geachtet.
Geh 2 Felder vor.

Wasserspartaste an der
Toilette benutzt.
Noch einmal würfeln.

11

9

Nenne 3 Wasserspartipps.
☺ **Rück 2 Felder vor.**
☹ **Geh 2 Felder zurück.**

ZIEL

Hier siehst du die Angebote verschiedener Supermärkte für Kartoffeln.

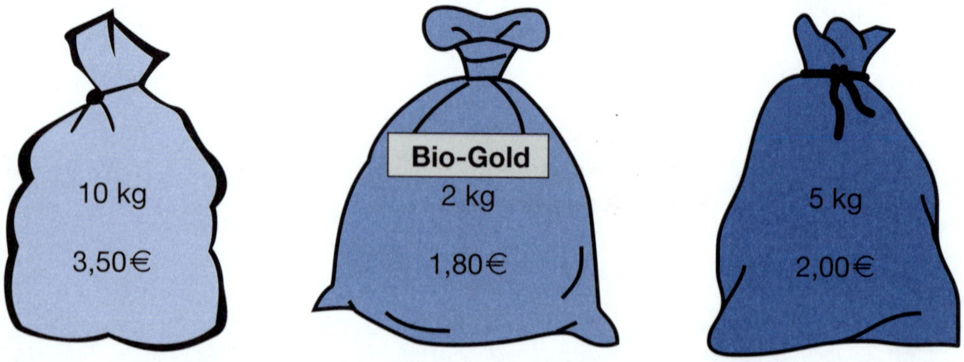

Preis pro kg ______________ ______________ ______________

Leider ist die Angabe „Preis pro Kilogramm" vergessen worden.

1. Berechne die Kilopreise der Angebote und trage sie ein.

Frage:
10 kg Kartoffeln
kosten 3,50 €.
Wie viel kostet 1 kg?

Rechnung:

$$:10 \left(\begin{array}{l} 10\ kg \rightarrow 3{,}50\ € \\ 1\ kg = 0{,}35\ € \end{array} \right) :10$$

Antwort:
1 kg Kartoffeln
kostet 0,35 €.

2. Für welches Angebot würdest du dich entscheiden?

____

3. Begründe deine Entscheidung.

____

____

____

Mein Arbeitsplatz

1. Jan muss unbedingt seinen Schreibtisch aufräumen. Aber er hat noch andere Dinge zu erledigen. Hilf ihm, einen Notizzettel zu erstellen, was er in welcher Reihenfolge machen soll. Achte auf kurze Formulierungen.
Es hilft beim Sortieren, wenn man sich folgende Fragen stellt:
- Gibt es Dinge, die bis zu einem bestimmten Termin erledigt sein müssen?
- Was ist das Wichtigste?

Comic zu Ende lesen

Lernen für die Mathearbeit in zwei Tagen

Brief an die Freundin schreiben

Müll wegbringen

Fußballtraining um 18.00

Schreibtisch aufräumen

Hausaufgaben für morgen

	erledigt ✔
1.	
2.	
3.	
4.	
5.	
6.	
7.	
8.	

2. Vergleiche deinen Notizzettel mit einem Partner.

3. Schreibe einen eigenen Notizzettel für die Arbeiten, die du in den nächsten zwei Tagen erledigen musst.

zu Schülerband Seite 19

Zusammenfassung: Rätsel

Ergänze die Sätze mit Begriffen aus dem Kapitel „Arbeitsplatz Haushalt“. Die Buchstaben in den Kästchen ergeben – der Reihe nach gelesen – das Lösungswort.

- Ausgaben trägt man ein ins

- Man bekommt es bei der Bank oder einer

- Eine Methode, etwas von Menschen zu erfahren, ist eine

- Geld spart man beim Einkaufen von

- Bei der Herstellung von Strom in Kohlekraftwerken entsteht

- Der Haushalt ist ein

- Energiesparen spart Geld und ist gut für die

- Die Bereitschaftsfunktion bei Elektrogeräten nennt man

Das **Lösungswort** lautet: ______________________________

zu Schülerband Seite 8–17

Menschen haben sehr unterschiedliche Bedürfnisse. Einige davon habt ihr auf den Fotos im Schülerbuch schon kennen gelernt. Die Zeichnungen auf dieser Seite zeigen, wonach wir noch Bedürfnisse haben.

1. Notiere unter jeder Zeichnung, welches Bedürfnis jeweils gemeint ist:
Nahrung, Gesundheit, Verkehrsmittel (Mobilität), Freunde, eigene Meinung, Bewegung, Information, Unterhaltung (Freizeit), Unterkunft

2. Es gibt noch weitere Bedürfnisse. Unterstreiche fünf Bedürfnisse, die dir besonders wichtig sind.

Anerkennung * saubere Umwelt * Geld * MP3-Player * eigene Persönlichkeit * modische Kleidung * Musik * Freiheit * Regeln * Hygiene * Gespräche * Clique * Urlaub * eigene Familie * Zeit * Erfolg * Mofa * eigenes Zimmer * Ruhe * gesundes Essen * gutes Aussehen * Action * Hobbys

zu Schülerband Seite 20/21

Mit etwas Glück kann Robinson auf seiner Insel lange überleben. Fast jeden Tag scheint die Sonne. Nur nachmittags regnet es manchmal für ein bis zwei Stunden. Sommer wie Winter: Das Wetter bleibt fast immer gleich. Nur nachts kühlt sich die Luft auf etwa 15° C ab.

1. In der Klasse habt ihr Dinge gesammelt, die Robinson auf seiner Insel benötigt. Schreibe seine Bedürfnisse jeweils an die Stelle in die Pyramide, die du für passend hältst.

2. Ordne die Begriffe an der passenden Stelle ein:

Fahrrad, Löffel, Tasse, Zelt, Rasierapparat, Uhr, Seile, Shampoo, Radio, Boot, Regenjacke, Badehose, Fotoapparat, Sandalen, Zeitung, Kamm, Kühlschrank, Taschenlampe, ...

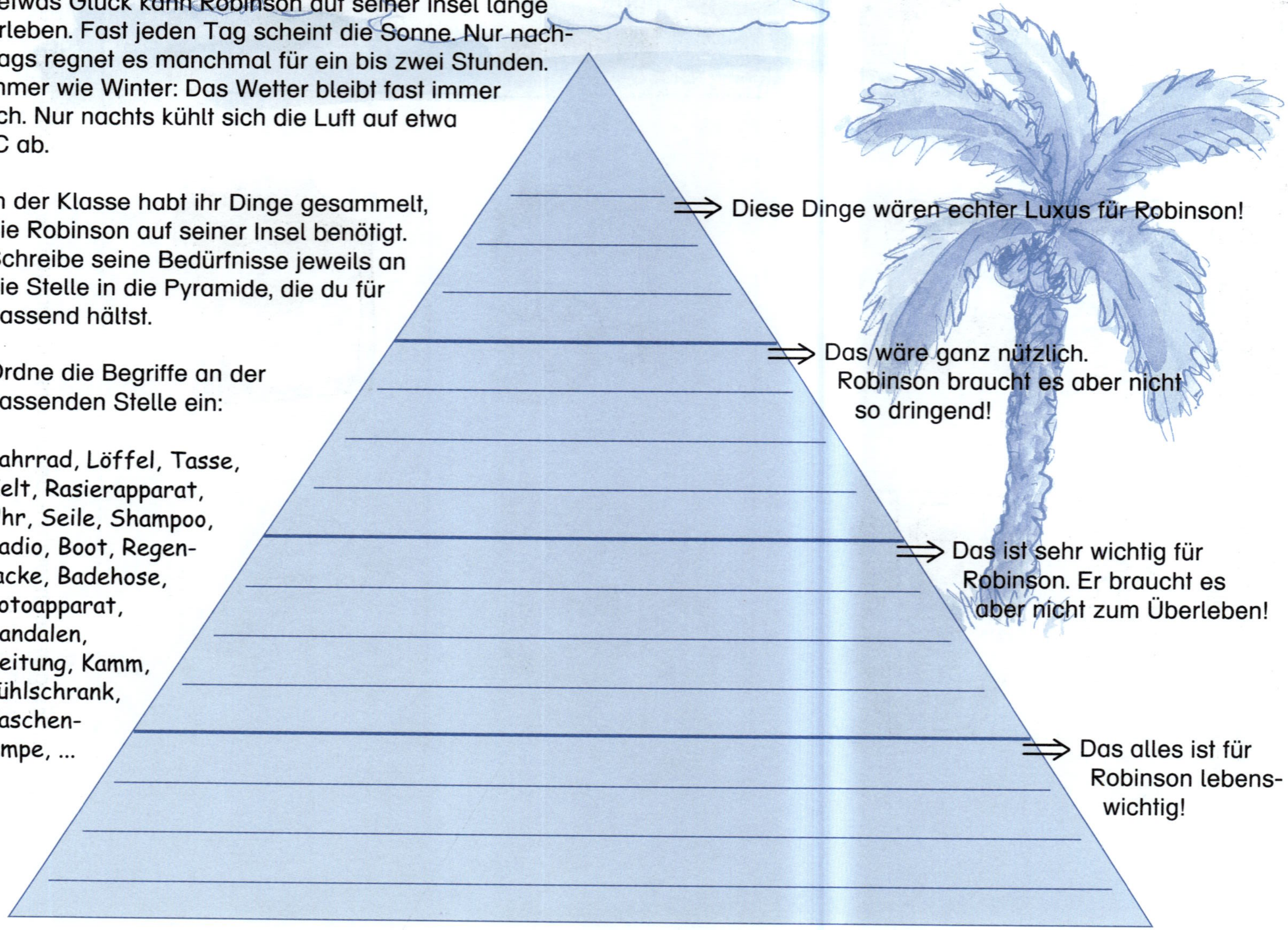

Markenkleidung

Viele Jugendliche tragen gerne Markenkleidung. Aber was ist Markenkleidung überhaupt? Markenkleidung wird von Firmen hergestellt, die sehr bekannt sind, oft in der ganzen Welt. Für Markenkleidung wird viel Werbung gemacht. Popstars, berühmte Models und Schauspieler bekommen viel Geld dafür, wenn Sie die Kleidung von einer bestimmten Marke tragen. Denn jeder Mensch soll die Markenkleidung kennen. Die Firmen verkaufen dann mehr von ihren Produkten.

adidas

MUSTANG JEANS

Kappa

1. Notiere die Marken, die heute bei Jugendlichen besonders beliebt sind.

2. Es gibt unterschiedliche Meinungen über Markenkleidung. Sammelt Gründe, die für (**Pro**) oder gegen (**Kontra**) das Tragen von Markenkleidung sprechen.

Kontra	**Pro**

zu Schülerband Seite 24

Wir untersuchen Werbung 1

Oft wird für ein Produkt zur selben Zeit an verschiedenen Orten geworben: z. B. im Fernsehen, im Radio und in Zeitungen. Die Milchwerbung stammt übrigens aus der Bravo.

Untersuche die Milchwerbung genau und trage die Ergebnisse auf dieser Seite ein.

Für welches Produkt wird geworben?

____

____

Wo genau wird für das Produkt geworben?

____

Wie lautet der Slogan?

____

Wer genau ist die Zielgruppe?

____

____

Beschreibe das Werbebild genau. Achte auf die Personen, deren Kleidung, den Ort, die Farben und die Texte.

____

____

____

____

____

____

Welches Bedürfnis will die Werbung bei den Kunden wecken?

____

____

____

____

____

Wie gefällt dir diese Werbung? Begründe deine Meinung.

____

____

____

____

____

Das Bild finde ich gut.

Diese Werbung verstehe ich nicht.

Die Werbung ist besser als das Produkt.

Da fehlen doch wichtige Informationen.

zu Schülerband Seite 26–29

Wir untersuchen Werbung 2

1. Suche in einer Zeitschrift ein Werbebild, das du interessant findest.

2. Untersuche dieses Werbebild genau. Trage deine Ergebnisse in die Kästen ein.

Für welches Produkt wird geworben?

Wo genau wird für das Produkt geworben?

Wie lautet der Slogan?

Hier kannst du einen Ausschnitt aus der Werbung aufkleben.

Wer genau ist die Zielgruppe?

Beschreibe das Werbebild genau. Achte auf die Personen, deren Kleidung, den Ort, die Farben und die Texte.

Welches Bedürfnis will die Werbung bei den Kunden wecken?

Wie gefällt dir diese Werbung? Begründe deine Meinung.

zu Schülerband Seite 26–29

Werbung im Fernsehen

Ständig sieht man im Fernsehen Werbung. Filme werden in den spannendsten Momenten unterbrochen, um Werbung zu zeigen. In solchen Werbeblöcken kann man Werbung für verschiedene Produkte sehen.
Ein Werbespot für ein Produkt dauert normalerweise 20–30 Sekunden.
Die Firmen müssen den Fernsehsendern viel Geld bezahlen. Die Firmen wollen sicher gehen, dass sie mit ihrer Werbung auch ihre Zielgruppe erreichen. Deshalb fragen sie sich immer ganz genau:

- Auf welchem Sender wollen wir unsere Werbung zeigen?
- Um wie viel Uhr soll unsere Werbung zu sehen sein?
- Welche Sendung soll gerade laufen, wenn unsere Werbung kommt?
- Welche Zuschauer sollen unsere Werbung sehen?

1. Seht euch im Fernsehen eine Sendung an. Ihr könnt selber aussuchen, welche.

a. Notiere den Titel der Sendung. ______________________

b. Auf welchem Sender läuft die Sendung? ______________________

c. Wann genau wird diese Sendung gezeigt? Um ______________ Uhr.

2. Was denkst du? Von welchen Menschen wird diese Sendung besonders gerne gesehen. Kreuze an. Du kannst auch mehrere Kreuze machen.

☐ Kinder ☐ Jugendliche ☐ Erwachsene ☐ Senioren

3. Untersuche einen Werbeblock, der während dieser Sendung gezeigt wird. Notiere alle Produkte, für die in der Tabelle geworben wird.
Wer sind wohl die typischen Käufer dieser Produkte (Zielgruppe)?

Für diese Produkte wird geworben	Das ist die Zielgruppe der Werbung
● ______	➡ ______
● ______	➡ ______
● ______	➡ ______
● ______	➡ ______
● ______	➡ ______
● ______	➡ ______
● ______	➡ ______
● ______	➡ ______
● ______	➡ ______

Im Supermarkt

Herr Meier hat seinen Supermarkt seit 15 Jahren nicht mehr umgebaut.
Er klagt, dass immer weniger Kunden kommen. Deshalb möchte er einiges ändern.

1. Herr Meier möchte, **dass mehr Kunden zu ihm kommen**.
Welche Tipps könnt ihr ihm geben?

Die Kunden sollen im Supermarkt **möglichst viel Geld ausgeben**. Aber an den Sonderangeboten verdient Herr Meier nicht sehr viel. Am besten ist es für ihn, wenn die Kunden auch Dinge kaufen, die sie gar nicht so dringend brauchen.

2. Was kann Herr Meier tun, damit die Kunden mehr Geld bei ihm ausgeben?

zu Schülerband Seite 34–36

Preiswert einkaufen

Familie Müller beschließt, in Zukunft preisbewusst einzukaufen. Alle vier wollen mitmachen. Aber wie soll das gehen? Sie beschließen, den Tricks der Verkäufer nicht mehr so leicht auf den Leim zu gehen. Und der Werbung wollen sie auch nicht mehr alles glauben. Ihr Ziel ist, weniger Geld auszugeben und für den Urlaub zu sparen.
Die Fehler, die Boris gemacht hat, sollen ihnen nicht passieren. Außerdem haben sie sich genau informiert, mit welchen Tricks die Supermarktverkäufer arbeiten.

Familie Müller möchte eine Liste mit Regeln für den preiswerten Einkauf erstellen. Helft ihnen dabei.

Preiswert einkaufen

1. Regel: ____________________

____

____

2. Regel: ____________________

____

3. Regel: ____________________

____

4. Regel: ____________________

____

5. Regel: ____________________

____

____

Tim und Julia liegen im Garten und genießen die warmen Sonnenstrahlen. Der Wind schaukelt die beiden leicht in ihren Hängematten hin und her. Julia träumt davon, als Model über den Laufsteg zu schreiten. Tim hingegen möchte ein umjubelter Rennfahrer werden.

Schreibe auf, was dir einfällt, wenn du an deinen Traumberuf denkst.

Unterschied Beruf und Betrieb

In Betrieben kommen häufig verschiedene Berufe vor. Mit Hilfe der Aufgaben wirst du den Unterschied zwischen Beruf und Betrieb kennen lernen.

1. Ordne die folgenden Begriffe in die Tabelle **Beruf – Betrieb** ein:
Kellner, Verkäuferin, Fleischerei, Boutique, Arzthelferin, Supermarkt, Baumschule, Bankkaufmann, Landwirt, Buchhandlung, Fahrradmonteur, Erzieherin, Restaurant, Schuster, Krankenhaus, Gebäudereiniger, Reinigung, Fahrradladen, Apotheke, Polizist

In den meisten Betrieben üben Mitarbeiter unterschiedliche Berufe aus. So arbeiten z. B. in einer Arztpraxis ein Arzt, eine Arzthelferin und eine Reinigungskraft.

Beruf	Betrieb

2. Erkläre mit eigenen Worten, was ein **Beruf** ist.

3. Erkläre mit eigenen Worten, was ein **Betrieb** ist.

Peter fährt jeden Tag mit dem Fahrrad zur Schule. Auf dem Weg dorthin kommt er an verschiedenen Betrieben vorbei (siehe Zeichnung).

1. Notiere, welche Berufe die Menschen in den Betrieben ausüben.

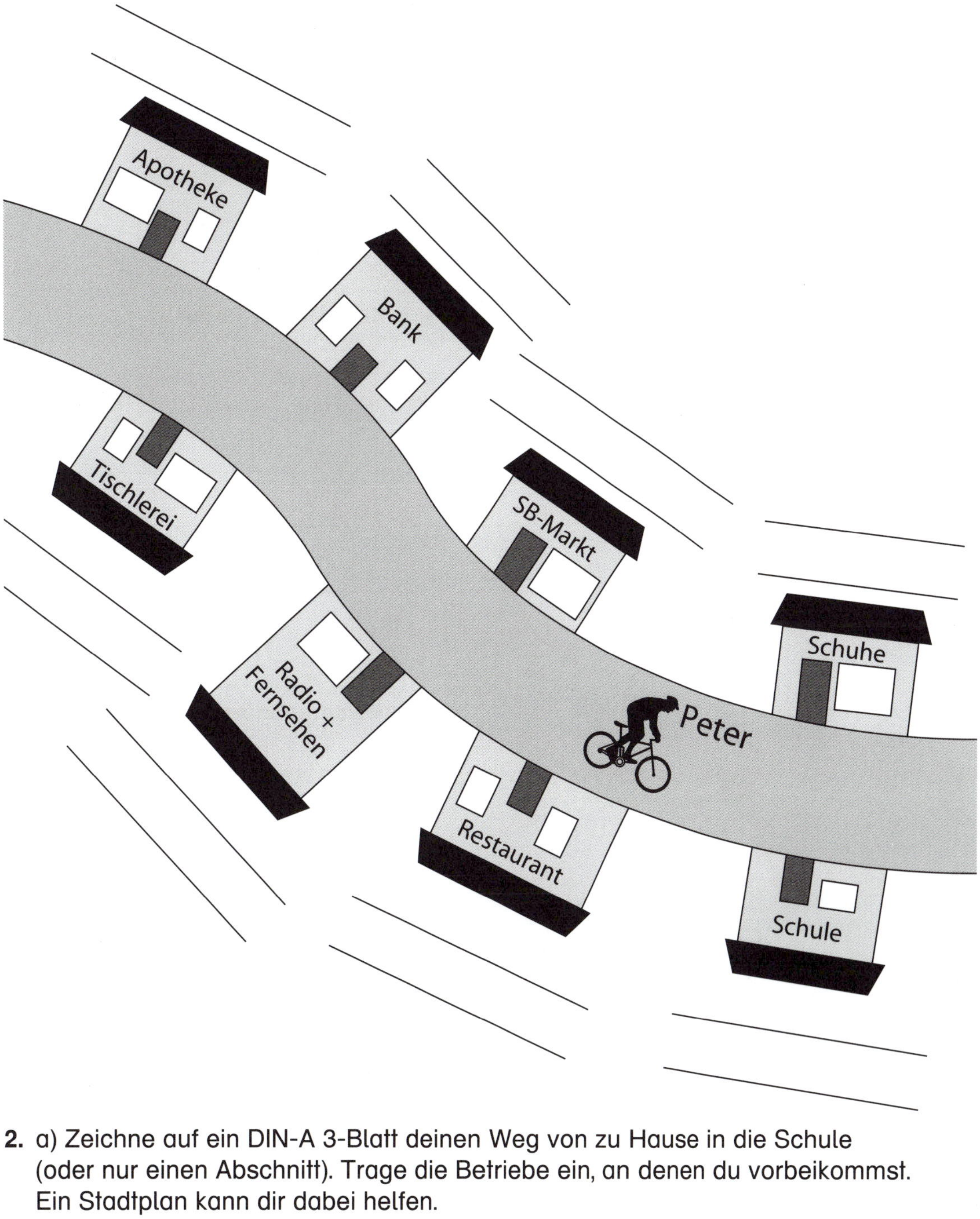

2. a) Zeichne auf ein DIN-A 3-Blatt deinen Weg von zu Hause in die Schule (oder nur einen Abschnitt). Trage die Betriebe ein, an denen du vorbeikommst. Ein Stadtplan kann dir dabei helfen.

2. b) Welche Berufe üben die Menschen in den Betrieben wohl aus? Schreibe sie auf.

Es gibt viele Berufe

Berufe können nach dem Alphabet oder nach Tätigkeiten geordnet werden.
Eine solche Auflistung nach Tätigkeitsfeldern kann die Berufswahl erleichtern.
Die im gleichen Tätigkeitsfeld aufgeführten Berufe haben Gemeinsamkeiten.

1. Suche mit Hilfe des Buches „BERUF AKTUELL" jeweils drei Berufe heraus, die zu den aufgeführten Tätigkeitsfeldern gehören.
2. Ergänze die Tabelle, indem du noch **„Typische Tätigkeiten"** heraussuchst und aufschreibst.

A Material verarbeiten

Berufe	Typische Tätigkeiten

B Zusammenbauen und montieren

Berufe	Typische Tätigkeiten

C Gestalten

Berufe	Typische Tätigkeiten

zu Schülerband Seite 41

D Bebauen und züchten

Berufe	Typische Tätigkeiten

E Bedienen und beraten

Berufe	Typische Tätigkeiten

F Sichern, in Ordnung halten

Berufe	Typische Tätigkeiten

G Versorgen und betreuen

Berufe	Typische Tätigkeiten

Auf dieser Seite werden dir zwei Berufe vorgestellt.
Beantworte die Fragen zu den Texten.

Fahrradmonteur

Fahrradmonteure montieren aus neuen Bauteilen ein Fahrrad zusammen. Bei gebrauchten Fahrrädern ersetzen sie abgenutzte Teile. Für die richtige Ausführung tragen sie die Verantwortung. Sie reparieren z. B. Schaltungen und stellen Bremsen korrekt ein. Für diese Tätigkeiten benötigen sie handwerkliches Geschick. Wenn der Kunde es wünscht, werden noch Zubehörteile wie Tachometer oder Standlicht nachträglich angebaut. Sie beraten den Kunden bei der Auswahl des Fahrradtyps und beim Zubehör. Für ihre Arbeit benötigen sie unterschiedliches Werkzeug: Ring- und Maulschlüssel, Tretlagerschlüssel, Zentriergerät für Speichen, Prüfgerät für Lichtanlagen, einen Druckluftkompressor, um die Reifen leichter aufzupumpen. Hauptsächlich arbeiten Fahrradmonteure in Werkstätten oder Werkhallen.

Was arbeite ich?	Wo arbeite ich?	Womit arbeite ich?

Fachkraft im Gastgewerbe

Dieser Beruf bedeutet Schichtdienstarbeit: Frühschicht, Spätschicht, manchmal auch Nachtschicht. Wenn der Gast eintrifft, beginnt bereits ihre Arbeit: Zimmer zuweisen, Auskünfte erteilen oder eine Erfrischung reichen. Morgens stellt die Fachkraft im Gastgewerbe das Frühstücksbufett zusammen, tagsüber berät sie den Gast bei der Auswahl der Speisen und Getränke und serviert sie anschließend. Die Tische hat sie meist schon vorher mit Geschirr und Gläsern eingedeckt. Zu ihren Aufgaben gehört es auch, zu feierlichen Anlässen Räume zu dekorieren. In der Küche garniert sie die „kalten Platten" und stellt Salate zusammen. Abends serviert sie in der Bar dem Gast Getränke. Im Zimmer- oder Wäscheservice ist sie für die Sauberkeit verantwortlich. Ihren Arbeitplatz haben Fachkräfte des Gastgewerbes überwiegend in Hotels, Gasthöfen und Pensionen.

Was arbeite ich?	Wo arbeite ich?	Womit arbeite ich?

zu Schülerband Seite 42/43

Berufe verändern sich – neue entstehen

Im Laufe von vielen Jahren haben sich Berufe verändert. Verändert haben sich auch dieTätigkeiten, die man in diesen Berufen ausüben muss. Ebenso die Geräte und Maschinen, die man dazu benötigt. Die beiden Bilder unten zeigen dir den Wandel im Einzelhandel.

1954

2005

1. Beschreibe die Unterschiede des Berufes der Verkäuferin früher und heute anhand der Fotos.

früher	heute

Nicht nur Berufe verändern sich, es entstehen auch neue Berufe.
Häufig durch technische Entwicklungen oder durch veränderte Kundenwünsche

Servicefahrer/in

Servicefahrer liefern Waren mit Kraftfahrzeugen aus oder sammeln sie ein. Ihre Touren stellen sie sich mit Hilfe der Lieferscheine selbst zusammen. Zum Ausladen von schweren Waren nehmen sie eine Sackkarre oder einen Hubwagen zu Hilfe. Nach der Auslieferung lassen sie sich den Lieferschein unterschreiben und nehmen vielleicht auch Zahlungen entgegen. Bestellungen, Beschwerden und Reklamationen aufzunehmen gehört ebenfalls zu ihren Tätigkeiten. Nach Beendigung ihrer Tour entladen sie das Fahrzeug, geben die Lieferscheine und das Geld ab. Die Wartung oder Reinigung von Geräten, das Befüllen von Automaten, die Getränkeauslieferung, das Ausfahren von Werbemitteln, Tiefkühlkost, Medikamenten und Mietberufskleidung sind weitere Aufgaben der Servicefahrer. Viel Zeit verbringen sie in ihren Fahrzeugen, aber auch vor Ort beim Kunden oder in Lagerräumen.

2. Nenne weitere Berufe, die es früher nicht gab.

zu Schülerband Seite 46/47

Ausbildung oder Job?

1. Setze in die Lücken die folgenden drei vorgegebenen Begriffe ein :
Hilfskraft - Ausbildungsvergütung - Meisterprüfung.

Mit Hilfe der ______________________________ kann man sich kleine Wünsche erfüllen.

Eine ______________________________ ist ein Arbeiter oder Angestellter, der keine Ausbildung oder Lehre abgeschlossen hat.

Nach einer abgeschlossenen Ausbildung und einigen Gesellenjahren kann man die ______________________________ ablegen.

2. Trage in die Sprechblasen von Susanne und Manuela jeweils die Argumente für oder gegen Ausbildung ein.

3. Macht ein Rollenspiel mit Susanne und Manuela.

Situationsbeschreibung:
Manuela und Susanne stehen vor dem Friseursalon: Susanne arbeitet dort als Hilfskraft. Manuela dagegen hat seit einiger Zeit ihre Ausbildung zur Friseurin erfolgreich beendet. Sie lädt Susanne zum Essen ein. Mit ihrem jetzigen höheren Lohn kann sie sich das leisten.
Außerdem will sie Susanne eine große Neuigkeit mitteilen.

zu Schülerband Seite 48

Praktikum – warum?

Kaylee hat keine große Lust, ein Praktikum zu machen. Dann kann sie zwei Wochen lang die Mitschüler nicht treffen und muss mit fremden Menschen den Tag verbringen. Außerdem ist die Schule mittags zu Ende. Bei der Arbeit ist das anders, denn ein Arbeitstag dauert acht Stunden.

„Was bringt mir das Praktikum?“ fragt Kaylee ihre Lehrer, ihre Eltern, ihre Geschwister und ihre Freunde, die schon ein Praktikum gemacht haben.

Mach es wie Kaylee. Frag verschiedene Personen, was dir das Praktikum bringen könnte. Kleb auf diese Seite Fotos von den Personen, die du befragt hast, und schreib ihre Aussagen in die Sprechblasen.

Name: ______________________

Name: ______________________

Mein erstes Praktikum

1. Auf welcher Seite findest du die Berufe im Buch BERUF AKTUELL?
Schreibe die Seitenzahl in die Spalte hinter jeden Beruf.

2. Ordne die Tätigkeiten den Berufen zu und trage sie in die Spalten ein.

Berufs-bezeichnung	Seiten-zahl	Tätigkeiten
Betonfertigteil-bauer		
Fachangestellte – Bäderbetriebe		
Fleischer		
Dachdeckerin		
Fachkraft für Abwassertechnik		
Fachverkäuferin im Nahrungsmittel-handwerk		
Gebäudereiniger		
Holzbearbeitungs-mechanikerin		

zu Schülerband Seite 52/53

Berufs-bezeichnung	Seiten-zahl	Tätigkeiten
Karosserie- und Fahrzeugbau-mechaniker		
Konstruktions-mechanikerin		
Landwirt		
Restaurant-fachfrau		
Straßenbauer		

Tätigkeiten

- Betonteile anfertigen, Natursteinplatten verlegen, ...
- Karosserien instand setzen, Anhänger herstellen, ...
- schlachten, Fleisch verarbeiten, Hygienevorschriften einhalten, ...
- Flächen entflecken, Oberflächen schleifen, wischen, ...
- Badegäste beaufsichtigen, Schwimmunterricht geben, ...
- Stahlträger schneiden, Bauteile auf der Baustelle montieren, ...
- Gäste empfangen, Speisen servieren, ...
- Dächer decken, Bodenflächen abdichten, ...
- Präsentation und Verkauf von Nahrungsmitteln, Kunden beraten, ...
- Prozessabläufe in Klärwerken überwachen, Abwasserproben untersuchen, ...
- pflanzliche und tierische Produkte erzeugen, Ställe reinigen, ...
- Bretter und Bohlen herstellen, Holzschutzmaßnahmen durchführen, ...
- Straßen bauen, Bagger bedienen, Böschungen befestigen, ...

Meine Interessen

Tim arbeitet gerne mit Maschinen.
Er ist geschickt und hat Spaß dabei.

1. Beurteile **deine** Interessen, indem du **+ o –** in die Tabelle einträgst.

   Hast du noch andere Interessen? Trage sie in die Tabelle ein.

+ Das möchte ich besonders gerne!
o Das möchte ich vielleicht.
– Das möchte ich auf gar keinen Fall!

Interesse	+ o –	Interesse	+ o –
draußen arbeiten		verkaufen, kaufen, verhandeln	
drinnen arbeiten		Maschinen zusammenbauen, reparieren	
mit Pflanzen oder Tieren umgehen		Produktionsanlagen überwachen	
mit unterschiedlichen Menschen zu tun haben		mit Holz, Metall, Baumaterialien umgehen	
mit Maschinen arbeiten		mit Kindern oder Senioren umgehen	
körperlich arbeiten		Aufgaben möglichst allein erledigen	
handwerklich arbeiten		in einem kleinen, familiären Betrieb arbeiten	
gestalterisch arbeiten			

2. Sammelt gemeinsam Ideen, welche Berufe zu euren Interessen passen.

   Notiere deine Berufe. ______________________________

   ____

3. Welche Fähigkeiten hast du? Ergänze die Smileys in der blauen Spalte der Tabelle auf Seite 35.

4. Knick die ausgefüllte Spalte nach hinten weg. Lass deine Fähigkeiten von jemandem einschätzen, der dich gut kennt. Vielleicht von deinen Eltern.

5. Vergleicht eure Einschätzungen und sprecht darüber. Passen deine Interessen zu deinen Fähigkeiten? Welcher Beruf passt dazu?

zu Schülerband Seite 52/53

Meine Fähigkeiten ☺ ☹

Kannst du das?	Fähigkeit		
Kannst du ein Geschenk schön verpacken?	Hand- und Fingergeschick		
Rechnest du im Supermarkt schon vor der Kasse die Preise zusammen?	Rechnerisches Denken		
Traust du dich allein, fremde Menschen nach dem Weg zu fragen?	Kontaktsicherheit		
Deine Freundin hat Geburtstag. Fällt dir ein Geschenk ein, das nichts kostet und trotzdem toll ist?	Ideenreichtum		
Dein Freund erklärt dir, wie seine neue Wohnung aussieht. Kannst du dir das vorstellen, was er sagt?	Räumliches Vorstellen		
Sprichst und schreibst du gut Deutsch?	Sprachbeherrschung		
Kannst du bei deinem Fahrrad allein den Hinterreifen wechseln?	Technisches Verständnis		
Kannst du eine Rose zeichnen?	Zeichnerische Fähigkeiten		
Grüßt du deine Mitschüler und Lehrer morgens auf dem Flur?	Gute Umgangsformen		
Kannst du gut in einer Gruppe arbeiten?	Teamfähigkeit		
Bist du bereit, bei deinen Nachbarn die Blumen zu gießen, während sie im Urlaub sind?	Verantwortungsbereitschaft		
Fällt es dir leicht, eine Heftseite sorgfältig zu gestalten?	Genauigkeit und Sorgfalt		
Ist dein Zimmer so eingerichtet, dass man sich darin wohl fühlen kann?	Formempfinden und Gestaltungsfähigkeit		
Kannst du zwei Wasserkisten gleichzeitig tragen?	Körperkraft		
Kannst du dich eine halbe Stunde mit einer kniffligen Hausaufgabe beschäftigen, ohne dich ablenken zu lassen?	Konzentrationsfähigkeit		
Weißt du noch, wer im letzten Jahr in der Schule neben dir saß? Und vor dir? Hinter dir?	Gutes Gedächtnis		
Lächelst du oft? Bist du ein freundlicher Mensch?	Freundliches Wesen		
Kannst du ein Regal an der Wand anbringen?	Praktisches, handwerkliches Geschick		
Kannst du vier Stunden ohne Pause Rad fahren?	Ausdauer		
Kannst du deine Freundin trösten?	Einfühlungsvermögen		
Kannst du allein einen Lebensmitteleinkauf erledigen?	Selbstständigkeit		
Du hast den Bus verpasst, es ist dunkel und regnet und dann heult neben dir ein Kind. Bleibst du ruhig?	Nervliche Belastbarkeit		

Hier knicken

6. Welche vier Fähigkeiten passen besonders gut zu dir? Notier sie und gib weitere Beispiele für deine Fähigkeiten.
Beispiel: *Ich kann mit der Nähmaschine gerade Nähte nähen, also habe ich handwerkliches Geschick.*

Auf der Suche nach einer Praktikumsstelle

Fleischereien
■ Bielefeld (05 21)
Bader, R., 33602,
Sonnenweg 1 .... 40 41 42
Bellmann, P., 33601,
Heeper-123 .... 90 98 90

Nils sucht eine Praktikumsstelle als Fleischer und hat in den Gelben Seiten unter Fleischereien nachgeschaut. Er hat die oben stehenden Adressen gefunden und ruft bei den Betrieben an. Vorher hat er sich Notizen gemacht.

Herr Bader: Fleischerei Bader.
Nils: Guten Tag, hier spricht Nils Feldmann, ich bin auf der Suche nach einer Praktikumsstelle als Fleischer.
Herr Bader: Guten Tag. Wann soll das Praktikum denn stattfinden?
Nils: Vom 06. bis 24. März.
Herr Bader: Auf welcher Schule bist du denn?
Nils: Ich bin auf der Förderschule in Gütersloh.
Herr Bader: Ich müsste im Kalender nachsehen, ob ich zu der Zeit schon einen Praktikanten habe. Ich habe jetzt auch nicht so viel Zeit, wir schlachten gerade. Kannst du morgen noch einmal anrufen?
Nils: Das ist kein Problem, dann ruf ich morgen Nachmittag an. Ist das okay?
Herr Bader: Ist gut. Wiederhören.
Nils: Gut, vielen Dank. Dann bis morgen. Tschüss.

Praktikumszeitraum:
06. bis 24. März
Bader,
Sonnenweg 1
05 21 / 40 41 42
______
______
______

Bellmann,
Heeperstr. 123
05 21 / 90 98 90
______
______
______

1. Wie hat sich Nils auf das Telefonat vorbereitet? Schreib es auf.

______

2. Jetzt bist du dran. Was sagst du am Telefon? Schreib es auf.

Betrieb: ______, guten Tag.
Du: ______
______

Betrieb: Wann soll das Praktikum stattfinden?
Du: ______

Betrieb: In welche Klasse gehst du? Und auf welcher Schule bist du?
Du: ______

Betrieb: Kannst du heute Nachmittag vorbeikommen und einen Praktikumsvertrag mitbringen?
Du: ______

Betrieb: Gut, dann sehen wir uns ______. Tschüss.
Du: ______

zu Schülerband Seite 54

Schlüsselqualifikation

Trage die Schlüsselqualifikationen in die entsprechenden Kästchen ein. Wenn du die Buchstaben in den blauen Kästchen liest, ergibt sich das, was jeder von euch sucht.

Ehrlichkeit

Belastbarkeit

Kommunikationsfähigkeit

Pünktlichkeit

Freundlichkeit

Verschwiegenheit

Lernwilligkeit

Verantwortungsbewusstsein

Teamfähigkeit

Durchhaltevermögen

Kritikfähigkeit

1. Interessiert sein, neugierig sein und immer Neues dazulernen wollen ist eine Schlüsselqualifikation, die das Leben interessant und dich schlau macht.

2. In der Schule und im Betrieb musst du dich auch über längere Zeit anstrengen und nicht gleich schlapp machen.

3. Das wird von Schülern, Lehrern, Praktikanten und allen Menschen erwartet, die zu einer bestimmten Zeit an einem bestimmten Ort sein müssen.

4. Wenn du eine Aufgabe übernimmst, wird von dir erwartet, dass du für das Ergebnis geradestehst.

5. Diese Schlüsselqualifikation ist besonders wichtig, wenn jemand an der Kasse arbeitet. Aber auch jeder andere Betrieb erwartet das.

6. Wenn du nett zu anderen Menschen bist und ihnen mal ein Lächeln schenkst, beherrschst du diese Schlüsselqualifikation.

7. Lange stehen, lange sitzen, schwer heben, ... das ist anstrengend, gehört jedoch zum Arbeitsalltag dazu. Hier benötigst du diese Schlüsselqualifikation.

8. Wenn dir eine Freundin ein Geheimnis anvertraut oder du im Betrieb Betriebsgeheimnisse erfährst, benötigst du diese Qualifikation.

9. Dir sagt jemand, dass du etwas falsch gemacht hast. Nimm es ernst und werde nicht gleich sauer. Wenn du das Gesagte annimmst, dann besitzt du diese Schlüsselqualifikation.

10. Auf jeder Party, in der Schule, beim Arzt und in jedem Betrieb benötigst du diese Fähigkeit.

11. Als Handwerker auf einer großen Baustelle erwartet man die gleiche Schlüsselqualifikation wie bei jeder Mannschaftssportart.

Trage hier die Buchstaben für das **Lösungswort** ein:

1	2	3	4	5	6	7	8	9	10	11

zu Schülerband Seite 56/57

Gute Umgangsformen

Gute Umgangsformen muss man lernen. Wenn man sie beherrscht, ist es leicht, einen guten Eindruck zu hinterlassen.

1. Schau dir die Bilder genau an. Ist das Verhalten angemessen?
Bewerte mit: ⊕ = **gute Umgangsformen** oder ⊖ = **schlechte Umgangsformen**.

a)

b)

c)

d)

e)

f)

g)

h)

i)

j)

k)

l)

zu Schülerband Seite 60

Gute Umgangsformen

2. Beschreibe jede Grafik mit einem Satz. Arbeite mit einem Partner zusammen. Ordne die Sätze in die richtige Spalte der Tabelle ein. Setze den Buchstaben aus der Grafik Seite 38 hinzu.

Gute Umgangsformen ⊕	**Schlechte Umgangsformen** ⊖

Konflikt im Praktikum

Die wahre Geschichte aus dem Leben eines Praktikanten

Es ist Freitag. Du bist seit einer Woche im Praktikum. Dennis, Auszubildender im 2. Lehrjahr, erklärt dir ausführlich, was du tun sollst. Du sollst ein Regal ausräumen, es abwischen und wieder einräumen. Dabei sollst du die Milch vom oberen Regalboden mit den Gurken vom unteren Regalboden tauschen. Du hast alles verstanden und beginnst mit der Arbeit.

Während du das Regal ausräumst, denkst du an das bevorstehende Wochenende. Bei Michi findet eine Party statt. Ihre Eltern sind nicht zu Hause. Du bist gespannt, wer alles zu der Party kommen wird. Ob dein Schwarm auch da sein wird?

Du träumst und räumst aus und putzt und räumst wieder ein. Du bist völlig in deinen Gedanken versunken. Da tönt auch schon die Sirene, du hast Feierabend und Wochenende. Morgen hast du frei.

Die erste Arbeitswoche war anstrengend, aber interessant. Du verabschiedest dich von deinen Kollegen und gehst nach Hause.

Das Wochenende war ein voller Erfolg, du kommst am Montagmorgen mit neuem Schwung in den Betrieb. Schön, dass du noch eine Woche Praktikum vor dir hast. Da begegnet dir Dennis. Du siehst es schon an seiner Haltung, er ist total sauer. Bevor du *„Guten Morgen"* sagen kannst, brüllt er los. *„Du kannst ja nicht mal die Regale richtig einräumen! Was für ein Blödmann bist du denn. Ich hatte dir doch gesagt, dass du die Milch und die Gurken tauschen sollst. Und was machst du? Räumst alles wieder schön blöd so ein, wie es war. Ich habe am Samstag richtigen Ärger mit dem Chef bekommen und musste den ganzen Mist noch mal umräumen. Wir haben jetzt übrigens ein Gespräch beim Chef. Dann kann er den Idioten beschimpfen, der den Mist verzapft hat."*

Deine gute Laune ist wie weggeweht. Dir ist klar, du hast einen Fehler gemacht. Aber so lässt du nicht mit dir reden, du kochst innerlich … Dennis poltert ohne anzuklopfen mit dir ins Büro des Chefs und tönt lautstark: *„Hier ist der Idiot, der nicht von 12 bis Mittag denken kann."* …

1. Besprecht den Vorfall.
   Wie beurteilt ihr das Verhalten?

2. Spielt das Gespräch beim Chef als Rollenspiel. Freiwillige vor.
   Es sind die Rollen des Chefs, des Praktikanten und die von Dennis zu besetzen.
   Haltet euch an folgende Spielanweisung:
   Dennis beginnt mit einer Beleidigung, wird aber vom Chef unterbrochen.
   Der Chef ist ruhig und sachlich. Das Gespräch soll positiv enden.

3. Welche Tipps kannst du dem Praktikanten für ein Streitgespräch geben?
   Schreib sie auf.

zu Schülerband Seite 60

Das Praktikum ist vorbei. Herzlich willkommen in der Schule!
Wenn du jetzt mit ein paar Tagen Abstand an das Praktikum zurückdenkst, kannst du sicher ganz leicht die folgenden Fragen schriftlich beantworten.

- In welchem Beruf hast du das Praktikum gemacht? ______________________

  ____

- In welchem Betrieb hast du das Praktikum gemacht? ______________________

  ____

- Welche Arbeiten haben dir am meisten Spaß gemacht? ______________________

  ____

- Was ist dir leicht gefallen? Denk dabei an Arbeitszeiten, Tätigkeiten, Umgang mit Mitarbeitern, Umgang mit Kunden, … ______________________

  ____

- Was ist dir schwergefallen? ______________________

  ____

- Worüber hast du dich am meisten gefreut? ______________________

  ____

- Hast du dir die Arbeit in dem Beruf, den du kennen gelernt hast, so vorgestellt?
- War irgendetwas überraschend? ______________________

  ____

  ____

- Haben sich deine Interessen verändert? Wenn ja, welche? ______________________

  ____

- Hast du eigene Fähigkeiten im Praktikum festgestellt, von denen du gar nichts wusstest? Wenn ja, welche? ______________________

  ____

- Hast du deinen Traumberuf kennengelernt? ______________________

  ____

- In welchem Beruf möchtest du dein nächstes Praktikum machen? ______________________

  ____

zu Schülerband Seite 67

Tauschhandel in Germanien

1. In dem germanischen Dorf treffen der Mann und die Frau auf einen Händler. Sie haben unterschiedliche Ziele. Schreibe die Ziele in die Sprechblasen.

2. Beantworte die folgenden Fragen:

a Beschreibe die Kessel, die der Händler anbietet.

b Womit möchten der Mann und die Frau den Kessel bezahlen?

c Warum suchen die Käufer nach Nachteilen bei dem großen Kessel?

d Warum wollen die Käufer den Kessel trotzdem unbedingt haben?

e Warum findet der Händler die Felle nicht gut?

f Warum möchte der Händler den Kessel trotzdem unbedingt verkaufen?

g Nüsse und Felle für einen Kessel. Warum ist der Tauschhandel so kompliziert?

h Warum ist das Einkaufen mit Geld einfacher?

zu Schülerband Seite 70/71

Einige Märkte kennt ihr schon aus dem Schülerbuch. Weitere Märkte sind Fachgeschäfte, Bauernhöfe, große Kaufhäuser, Second-Hand-Geschäfte, … .

1. Notiere möglichst viele verschiedene Märkte, auf denen man die folgenden Produkte erwerben kann. Denke dabei auch an die Möglichkeiten in deiner näheren Umgebung.

a Fahrräder: ______________________________

____

____

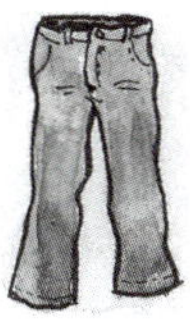

b Kleidung: ______________________________

____

____

c frisches Gemüse: ______________________________

____

____

d Wohnung: ______________________________

____

____

2. Schreibe die Begriffe *Angebot*, *Nachfrage* und *Markt* in die richtige Lücke.

Auf einem ______________ treffen sich Verkäufer und Käufer von Waren und Dienstleistungen. Die Verkäufer machen den Kunden ein ______________ .

Wenn jemand etwas kaufen möchte, dann nennt man das auch ______________ .

3. Beschreibe, was du auf dem Bild siehst.
Verwende dabei die Begriffe *Angebot*, *Nachfrage* und *Markt*.

____

____

____

____

____

____

Angebot und Nachfrage

1. Setze die richtigen Wörter in die Lücken ein (*groß* oder *klein* – *hoch* oder *niedrig*)

Der Sommer war schlecht und die Apfelernte ist bescheiden ausgefallen. Viele tausend Tonnen Äpfel werden in Supermärkten und auf Marktständen angeboten.

Das Angebot ist ____________________.

Die Preise sind ____________________.

Im Frühjahr kommen neue Automodelle auf den Markt, die gut verkauft werden. Viele Menschen wollen ihre alten Autos verkaufen.

Das Angebot an Gebrauchtwagen ist __________.

Die Preise für Gebrauchtwagen sind __________.

Der Winter ist sehr kalt und die Heizungen laufen ständig.

Die Nachfrage nach Heizöl ist __________.

Also ist der Preis für Heizöl __________.

Viele Menschen wollen vom Land in die Stadt umziehen. Alle benötigen eine Wohnung.

Die Nachfrage nach Wohnungen ist __________.

Die Preise für Wohnungen sind __________.

Um 20:00 Uhr schließen die meisten Geschäfte. Wo kann man jetzt noch etwas einkaufen? ______________________________

Nach 20:00 ist das Angebot ____________________.

Die Preise in Geschäften, die dann noch offen haben, sind __________.

2. Du möchtest Kirschmarmelade einkochen. In welcher Jahreszeit lohnt sich das? Begründe.

____

____

____

So entstehen Preise

Die Preise für eine Ferienwohnung ändern sich nach der Jahreszeit:

- Vorsaison (50 €) Februar, März und November
- Nebensaison (100 €) April, Mai
- Hauptsaison (150 €) Juni, Oktober, Dezember, Januar
- Hauptsaison mit Zuschlag (200 €) Juli, August, September

1. Zeichne die Angaben in die Grafik ein und verbinde die Punkte zu einer Linie.

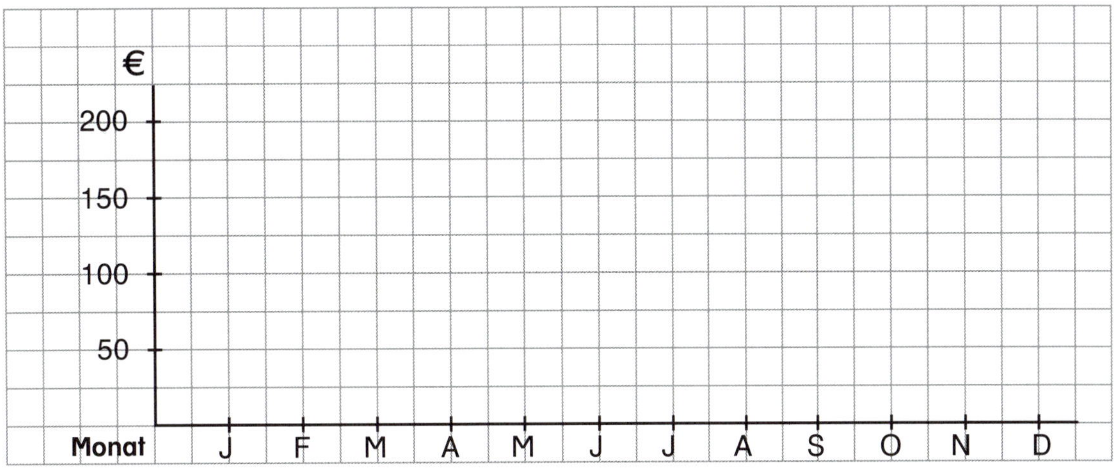

Noch verwirrender erscheinen die Reisekataloge – je dunkler die Farbe, desto teurer die Reise.

2. Zeichne die Angaben in die Grafik ein und verbinde die Punkte zu einer Linie.

100 €	200 €	300 €	400 €	500 €
Juni/Juli/Aug	März/Mai	Feb/Okt/Apr/Sep	Nov/Jan	Dezember

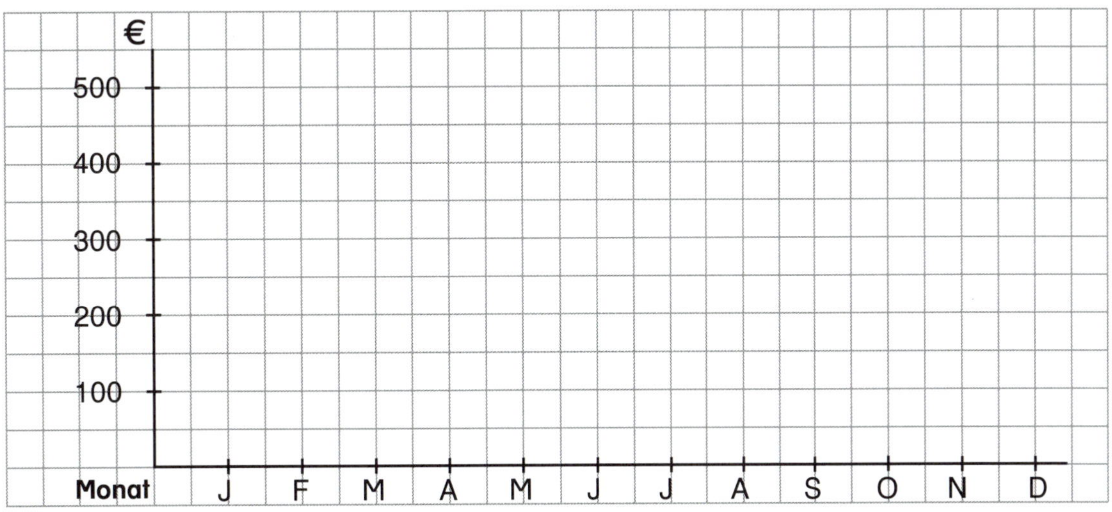

3. Wo könnte sich dieser Ferienort befinden? Stellt Vermutungen an.

An vielen Schulen gibt es einen Kiosk, der von Schülern betrieben wird. So ein kleiner Betrieb macht reichlich Arbeit. Denn die Kunden wollen zufriedengestellt werden. Aber schon bevor ein Kiosk eröffnet werden kann, müssen viele Dinge genau bedacht und geplant werden. Versucht möglichst viele Informationen zu erhalten, die für den Betrieb eines Schulkioskes wichtig sind. Überlegt, wen ihr befragen könnt.
Gibt es an eurer Schule noch keinen Kiosk?
Dann plant hier die Eröffnung eines Kioskes.

1. Arbeitet in Gruppen. Schreibt eure Ideen zuerst auf ein Notizblatt. Tragt hier im Heft nur die Ergebnisse ein, die ihr in der Gruppe genau besprochen habt.

1. Wie groß ist der Markt überhaupt?

____

____

____

____

____

____

Hintergrund

Wichtig ist zu klären, wie viele mögliche Kunden es gibt. Sammelt Informationen über eure Schule.

- Wie viele Schüler gehen auf eure Schule?
- Wie viele Lehrer gibt es?
- Gibt es Konkurrenz für den Kiosk? Welche Einkaufsgelegenheiten gibt es noch in der Nähe?

2. Was soll am besten verkauft werden?

____

____

____

____

____

Hintergrund

Wichtig ist zu klären, welche Produkte eure möglichen Kunden am liebsten kaufen würden. Dazu könnt ihr eine Umfrage machen. Übrigens: Auch ein bereits bestehender Kiosk kann so herausfinden, ob noch andere Produkte angeboten werden sollten.

3. Wo sollten die Waren eingekauft werden?

____

____

____

____

____

____

Hintergrund

Sehr wichtig ist, dass die Waren günstig eingekauft werden. Wenn man viel Geld für den Einkauf ausgibt, dann müssen auch die Preise für die Kunden des Kioskes steigen. Sonst macht man Verluste. Aber wenn die Preise am Kiosk zu hoch sind, dann kommen immer weniger Kunden.

- Wo könnt ihr bei euch am günstigsten einkaufen?
- Wer hat gute Beziehungen?
- Wo gibt es Mengenrabatte?

zu Schülerband Seite 78/79

4. Wie kann das alles finanziert werden?

Hintergrund

Wenn ihr einen Kiosk aufmacht, dann benötigt ihr erst einmal Geld. Schließlich müssen die Waren eingekauft werden. Zudem benötigt man Geld für die Einrichtung des Kioskes. Wenn euer Kiosk gut läuft, dann könnt ihr den Kredit bald zurückzahlen.

- Wie viel Geld wird am Anfang benötigt?
- Wo könnt ihr das Geld beschaffen?

5. Wo kann der Kiosk aufgemacht werden?

Hintergrund

Ein guter Platz ist wichtig für den Erfolg. Normalerweise benötigt man für einen Geschäftsraum eine Erlaubnis.

- Wo sind an eurer Schule geeignete Plätze für einen Kiosk?
- Warum gerade dort?
- Wen müsst ihr um Erlaubnis fragen?

6. Welche Einrichtungsgegenstände werden für den Kiosk benötigt?

Hintergrund

Ein Kiosk muss ordentlich aussehen, damit die Kunden gerne kommen. Die Waren und das Geld müssen gut aufbewahrt werden.

- Welche Einrichtungsgegenstände werden benötigt?
- Was ist bereits an der Schule vorhanden?
- Was muss gekauft werden?

7. Wie kann man auf sich aufmerksam machen?

Hintergrund

Die Kunden müssen erfahren, dass es einen Kiosk gibt. Sie wollen wissen, was angeboten wird und wie hoch die Preise sind.

- Wie könnt ihr die Kunden am besten auf einen Schulkiosk aufmerksam machen?

8. Wie sollen die Preise sein?

Artikel	Schokoriegel	______
Einkaufspreis	0,35 €	______
Verkaufspreis	0,50 €	______
Gewinn	0,15 €	______

Hintergrund

Mit dem Kiosk soll ein kleiner Gewinn gemacht werden. Schließlich habt ihr ja auch Geld vorgestreckt. Ihr müsst also etwas mehr einnehmen als ihr ausgebt.

- Wie sind eure Preise?

Der kluge Verbraucher

Das war's dann wohl! Mit einem lauten Knattern ging der alte Kühlschrank von Familie Müller kaputt. Frau Müller war sogar etwas erleichtert: *„Wir brauchten dringend einen neuen. Der alte war ein echter Stromfresser."* Herr Müller stimmte ihr nickend zu: *„Aber jetzt müssen wir genau überlegen, wie wir vorgehen, damit wir einen guten neuen Kühlschrank zu einem günstigen Preis bekommen."* Die 4-köpfige Familie setzte sich zusammen und überlegte, was beim Kauf beachtet werden sollte.

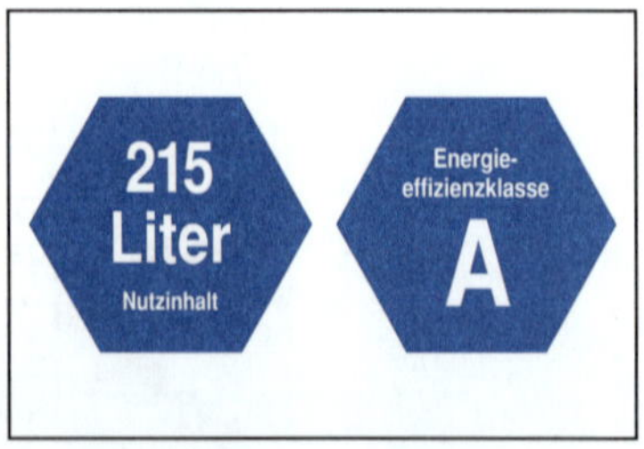

Sie kamen zu folgenden Ergebnissen:
Gesucht wird ein 60 cm breiter Kühlschrank, der genau in die Lücke in ihrer Küchenzeile passt. Diesmal möchten sie ein zwei Meter hohes Gerät kaufen, welches auch vier Tiefkühlfächer hat. Außerdem benötigen sie viel Platz in dem neuen Kühlschrank. Sie wollen unbedingt auf einen günstigen Stromverbrauch achten. Sie haben gehört, dass auf jedem Gerät ein Aufkleber über den Stromverbrauch informiert. Der Kühlschrank soll möglichst lange halten. Über Qualität und Preise müssen sie sich aber noch genau informieren: im Internet, in Katalogen, in der Zeitschrift „Test", in den Kaufhäusern und in einigen kleinen Fachgeschäften. Wichtig ist ihnen auch, dass sie zwei Jahre Garantie auf das Gerät erhalten. Herr Müller traut sich zu, vor dem Kauf auch noch über den Preis zu verhandeln. Vielleicht ist sogar noch ein Rabatt drin. Günstiger wird es auch, wenn sie den Kühlschrank selber abholen. Dabei kann man auch einiges sparen.

1. Beschreibe genau, wie der neue Kühlschrank der Familie Müller aussehen soll.

2. Notiere in Stichworten, welche weiteren Eigenschaften der Kühlschrank haben soll.

3. Notiere, wie Familie Müller Geld sparen könnte.

4. Was denkst du? Sollte man sich immer so genau wie Familie Müller informieren, wenn man eine Anschaffung plant. Begründe deine Meinung

zu Schülerband Seite 76/77

www.schroedel.de

ISBN 978-3-507-**46367**-7
9 783507 463677

Schroedel®

9 | 10

DIERCKE GEOGRAPHIE

FÜR GYMNASIEN IN SACHSEN-ANHALT

ARBEITSHEFT

westermann®